FUNDO FALSO

Mônica de Aquino

Relicário

FUNDO FALSO

Para Gustavo, que é também minha casa.

Aos meus pais:
novelo que nunca termina de se desfiar.

Hoje inaugurou-se
um segredo.

Tão pessoal
que incomunicável.

Por isso mesmo
falso.

este é o ponto em que a linguagem falha o ponto em que estrelas falam
o insondável silêncio entre uma estrela e outra

Annita Costa Malufe

RETORNO À CAIXA DE COSTURAS

Conheci, em 2013, a primeira versão deste *Fundo falso*, que Mônica de Aquino nos apresenta revisto e ampliado. Regressar a esses poemas é como reabrir uma caixa de costuras: conhece-se os objetos e as suas funções, porém, as peças que surgirão do alinhavado e do cerzimento restam incógnitas, em pungente estado de surpresa. É isso o que ocorre nessa edição: o que era uma coletânea com relativa unidade entre os poemas, tornou-se uma estrutura mais complexa, que funciona, simultaneamente, como um livro de livros (subdividido em sete partes que guardam autonomia entre si e entre os textos que as constituem) e como um livro constituído por sete poemas longos, cada qual centrado sobre um eixo temático específico.

Em *Fundo falso* se destacam duas coordenadas de acesso a uma paisagem poética que filtra os apelos da afetividade através de uma cuidadosa operação reflexiva. Trata-se, inicialmente, da evidência de um método de escrita que permite à poeta apreciar o seu processo de criação. Esse processo surge, na teia do texto, menos como dádiva e mais como uma conquista decorrente do "aprendizado da lavra" na terra, na pedra, no corpo, na palavra e na experiência de vida. O apuro desse método resulta numa poética que, por um lado, indaga sobre a constituição do sujeito, rompendo com a prática desgastada de confissão sobre os atos desse mesmo sujeito; e, por outro, numa série de poemas vinculados não à beleza encenada pelos jogos de palavras e imagens, mas à perquirição sobre as possibilidades do belo que não se revela no seu todo.

Pari passu, Mônica de Aquino elege a linguagem como o cerne dos poemas, considerando-a como uma força capaz de sobreviver à impermanência dos fatos. Em razão disso, detecta-se uma variação nos modos como a linguagem, elemento estruturante do livro, se afirma. Pode-se captá-la, incialmente, como um valor inalienável, que permite ao sujeito apreender as suas contradições. Essa perspectiva aparece sintetizada por uma voz poética sóbria que pretende "Recriar-se inexata sem simetria" ("Penélope insone"). Sob outro ângulo, a linguagem se instaura como um vetor de morte e de renascimento. A partir dela, costura-se uma poética tensionada, segundo a qual o eu (Penélope) é uma constelação de outros/outras. A recusa das fontes consagradas vem a ser, nesse momento, o motor para a renovação das identidades. Por isso, sinaliza a voz poética: "recusa o passado seus retalhos / prefere o que ainda não aconteceu / enquanto pensa: Ulisses, agora, sou eu." ("Penélope insone").

Há que se ressaltar, em *Fundo falso*, a presença da linguagem-práxis, avessa aos jogos e às quimeras que ofuscam o núcleo de um certo sentido. Em "A dor como método" a linguagem é o ato ríspido, incisivo que, tendo cumprido sua tarefa, não nos lega mais que uma "mínima cicatriz". Por vezes, mesmo estendida, essa linguagem se esgota "Na liquidez do instante" ("Água-forte"). Ou, ainda que transformada em objeto propício para durar, essa linguagem rasga a si mesma para "ser mínima" ("Corpo sem pausa").

As coordenadas acima, se consideradas, demonstram que *Fundo falso* é um livro de uma beleza radical por questionar — sob o véu de uma lembrança ou de um gesto — a arquitetura da linguagem que mobiliza. Com maior ou menor evidência, os poemas dessacralizam os ritos de inserção do sujeito no mundo e o desafiam a falar de si, enquanto recupera as memórias de uma provável coletividade. É aí, nesse cruzamento de pontos, que Mônica de Aquino consegue cerzir um corpo poético que — sem rejeitar a exibição das lutas da poeta na tela do poema — aponta para o embate solitário do sujeito com a linguagem como origem do que fomos e ainda seremos. Antes que se pense, aqui, numa poética que abdica da esperança, vale assinalar que o rigor adotado por Mônica de Aquino dialoga com um cenário pleno, formado pela natureza e pelo envolvimento do clã com seres pulsantes intimamente relacionados à nossa humanidade. O mais, a ser desvendado pelas leitoras e leitores deste livro, reforçará a justa atenção que merece, desde a edição de *Sístole* (2005), a poética de Mônica de Aquino.

Edimilson de Almeida Pereira
Juiz de Fora, verão de 2018

A memória das mãos

PENÉLOPE INSONE

Completar a urdidura do dia
saber do manto o desenho exato

saciar toda fome de geometria
conhecer o trabalho, no limite dos olhos.

Recriar-se inexata sem simetria
até terminar o diagrama de escolhas.

Só então destruir, com agulha e tesoura
cada amor imaginado.

Conservar apenas a memória das mãos
sobre o tecido, o percurso do fio

a desfazer o possível antes da aurora.

Penélope dissolve-se na hipótese:
quer conhecer, em detalhes, o manto
que a separa do outro.

Tece o pano como quem toca
o corpo de um homem, de cem homens

desfaz a mortalha como se destruísse um véu.

Fere a carne do pano, fere o dedo na pressa
e mancha, com sangue, a colcha de
promessas.

Mas ante isso:
recusa o passado seus retalhos
prefere o que ainda não aconteceu

enquanto pensa: Ulisses, agora, sou eu.

PENÉLOPE MENTIROSA

De noite desfaz, obediente
a fera que a carne abriga
e regressa à partida: a espera indefinida.

De dia, é outro o desejo
tece a mortalha com o silêncio
de ter de casar-se outra vez

(presa entre duas promessas)

mas Penélope mente: o que quer é a solidão.

A fidelidade é um cão.

PENÉLOPE EM RISCO

Costura e desfia, todos os dias
a volta segura do marido

sem saber:
é ela quem corre perigo.

PENÉLOPE ASSUSTADA

O amor é cheio de dedos
o amor é cheio de patas

aranha inexata
espreita o mínimo erro

e espera.

O que teço do amor
é a mortalha.

PENÉLOPE PACIENTE

Com muita disciplina de gestos
faz da espera um projeto abstrato

resistência, desafio aos dias.

O que há de concreto é a luta
entre fio tesoura pano

entre planos e recusa de escolhas
Ulisses vira uma ideia.

É a si que Penélope espera.

PENÉLOPE SECRETA

Um homem chegou no dia
em que não havia espera.

Na porta, somente o cão
guardava o tempo.

E o tempo era correr
atrás do rabo.

O homem tomou o castelo,
a cama, o arco.

Agora, dorme ao meu lado
descansa da travessia.

Não sabe seu gosto de mar

não sabe que traz, na pele, a alma
do mar.

Preciso partir para esse lugar
de onde o homem voltou

(o amor, agora, é o mar).

Comecei a tecer uma rede
de pesca.

Comecei a tramar
certo corpo de barco.

Agora, tranço os cabelos
olho a janela.

É quando ele desperta
desfaz a cama, desfia os planos

desata a trança e pisa na rede
onde sinto, de novo, o mar.

De repente, partir é igual
a ficar.

PENÉLOPE DENTRO DA NOITE

Teço com as linhas das mãos
a cada ponto sua imagem é mais próxima
teço a mortalha que guardará gerações.

O sudário se enreda na casa, língua de musgo
sobre um barco fantasma, certa ideia de oceano
e partida.
Continuar tecendo, tecendo, até que a renda cubra
o reino,
a ilha, a viagem.

Mas os olhos habitam pássaros do quarto:
de que penas é feita esta brisa em leque
que as mãos balançam no intervalo dos fios
de que penas a noite que o travesseiro guarda
de que bicos e sangue esta sombra.

Ao meu lado, o travesseiro que abrigou um homem
aguarda a aurora (dentro da noite)
como depenar esta ausência refazer um pássaro
que abandone a mentira doméstica
com as penas, recosturar a rapina
matar o cão, os seus olhos.

Sempre foi rapina esta maciez do quarto
teu travesseiro vago, eu, aprendiz de uma vingança.

PENÉLOPE INDECISA

Como escolher entre
cem pretendentes
sem saber quem se aproxima?

Posso estar a apenas um ponto
de conhecer quem não deixa dúvida.

Não poderia escolher o primeiro
não confio em quem chega tão rápido.

Por outro lado, qualquer um
que não chegue agora
parecerá sempre atrasado

feito para a demora.

Espero o tempo de Ulisses
ou um homem que desvende
minha trama

aprendendo, para mim
um amor que não existe

enquanto espero.

Como escolher alguém
que fique?

PENÉLOPE URGENTE

Primeiro, desfiz a mortalha
como de hábito.

Mas a noite ainda era vasta.

Inventei, então, um presságio
há muito a destruir:

colcha, tapete, rede

este vestido de renda

a trama da cadeira

a cama

a mesa posta.

A agulha é lenta, lenta

a tesoura é lenta

a amor é lento

destruir me rouba a noite
e as estrelas.

PENÉLOPE E O CÃO

Como esquecer se há o cão
– sempre à porta –
o cão guarda a casa
– o inferno –
ele é a ilha
como habitar este cão
sem caça (e linguagem).

Telêmaco é um cão, agora, Laertes é o cão
cada pretendente, um cão, a criada, cão
cães as pedras, as ondas
e seu sorriso hoje, Odisseu
só me lembra dentes
cães são estas palavras em círculo.

Argos pastoreia as lembranças
a violência é silêncio
Argos sobre o esterco, porco, caça
onde o ódio, comparsa
Odisseu só me deixou a obediência.
Um cão, o cão, tantos cães na memória
na casa, na cama, o cão é a guerra
silenciosa.

Enterrar em Argos seu corpo de espera.

PENÉLOPE SILENCIOSA

Teço uma ideia de Troia
você está na sobreposição de três fios
teço a guerra na mortalha
posso inventar outra moira
matar uma cidade ou ilha
ninguém conhece os motivos
que as mãos, agora, inventam.

O que fazem tuas mãos, Odisseu
neste duelo de formas
fantasmas sobre as minhas
incapazes de duelar com agulhas
e linhas
desafiam que labirinto as escolhas:
ganha a minha mão o homem capaz
de tecer.

Cem homens dentro do átrio
no lugar do arco, sentar-se,
em silêncio
não o movimento do braço
mas dedos, inventar uma pele
Troia é a noite
ganha a minha mão quem descobre
outra Ítaca.

Sim, ele tece uma casa
sobre a memória
infiel à volta à guerra
açula a lembrança, a espera
aproxime-se, homem que desconheço:
ganha a minha mão quem desperta
a raiva do cão.

As mãos sobre as minhas abertas
a tecer outras linhas: a moira sorri
corta um fio, amarra, ignora o tempo.
Sente-se aqui, tecelão.

PENÉLOPE E AS PARCAS

A morte exige tessitura delicada
tecer um sudário é tramar uma asa, véu de noiva
camada de nuvem, teia que floresce em casulo.
Forma que exige fazer, desfazer, sobrepor
não simulo: antes, é este o método da mortalha.

Não se entra duas vezes no mesmo rio
nem no mesmo mar, cama, corpo
não se recupera um fio, é sempre outra a urdidura
na sombra do exercício: tecer, destecer,
construir uma ruína sem vestígios,
sudário como cidade em chamas
que ilumina a noite.

A morte exige outra pele, tela composta
faço, desfaço, Moira que confunde agulha, linha
tesoura
enquanto a distância joga com as Parcas
entendo:
é de Odisseu o sudário que teço.

PENÉLOPE E O ESPELHO

Melhor uso para tanta linha
seria conhecer o labirinto.

A
dor

como
método

PARA vencer um problema
que se fez carne, entranhado
colocava todo dia
uma pedra no sapato

assim mesmo, sem metáforas
ou meios-termos: era homem de atos.

A dureza da pedra — e da técnica
mantinha em José o foco
a alma sóbria

a mínima cicatriz como aviso.

(O homem, ainda jovem,
habitou o calor do norte
e teve amigo matador
do tipo que extirpa o mal
pela raiz:
decepou o próprio dedo
para vencer o gatilho.)

Aos poucos a pedra gasta
ao corpo assimilada
fez-se pele sangue lastro
um árduo aprendizado:
a perfeição do rigor.
No exercício do amor.

AINDA se lembra dos ratos
esmagados na bota do avô.
Recém-nascidos, eram massa frágil,
sem distinção de pele e ossos.
Macios como a moleira dos bebês.

Não viu os olhos da neta
mecânico em seu gesto de aniquilar.

O pai capturava uma rata.
Foi incapaz de matá-la.
O animal recusava a fuga
contornava a cria
e nos olhava, quase humano.

O homem acomodou os filhotes numa caixa,
sobre um pedaço de pano,
levou-os para longe dos olhos da casa.

Um homem sem vocação para o nojo
e a aversão.

Mas ele também usa coturnos.

A filha cresceu vira-lata, cadela faminta
buscando o amor instintivo dos ratos
para sempre
o amor impossível do pai.

DESPEDIDAS

I

A cadela engoliu
o filhote natimorto
lambeu o sangue, em silêncio.
Deixou o cenário insuspeito.

Ignore-se este ávido
rito de higiene
e se dirá do animal
que é companheiro, alegre
como qualquer outro cão.

Sem gestos subterrâneos.

II

O filhote era um brinde da companhia de gás.

A menina, ainda penumbra de si,
apaixonou-se pelo amarelo exagerado
e pelo pio que não parava,
não parava,
e redundava em um lugar desabitado dentro dela.

E o bicho piava, e piava, e piava, e p!
Calou-se de repente, quente, preso na mão fechada.

Então era isso a morte?
Discreta, silenciosa, tão calma
que a confundiu.
Terrível.

Para sempre temer o silêncio, temer o silêncio.

A alma, impregnada
com o grito insistente amarelo amarelo
amar! elo estrangulado.
Com o bico aberto.

III

O pai encantava abelhas.

Discreto alienígena
no reino do ruído negro e ouro
a tela grossa sobre o rosto.

Levava fumaça branca
silêncio branco
a roupa branca

e com precisão de lâmina
de incisão que não sangra
rente bem rente ao favo
sem luvas, colhia o mel.

Trazia nas mãos o doce
e as picadas vermelhas
que conta serem abelhas
na defesa do excesso.

A conta de abelhas mortas.

Mas ele ignora a dor
ou cede a pele de cera.

A filha é que se assusta
com os perigos do pai
    [com esta flor descoberta

com a mão que extrai doçura
de tantas colmeias secretas.

Água-forte

Mutilado, mas quanto movimento
em mim procura ordem.
O que perdi se multiplica

Carlos Drummond de Andrade

NA liquidez do instante
o traço exato.

Verniz que cede
ao aço

ácido.

(metal que subjaz
silente)

Tua rotina mineral
dissolve-se
e ascende:

matéria-prima.

Em cada repetição
a perícia:

corroer-te
com arte
misturar-te a mim:

tua anti-rima
água
corte.

Água-forte.

VÉSPERAS

I

Lagos
os olhos do afogado
já não retêm o acaso
o vidro baço
da dúvida.

Réstia
sem o espectro de estátua
que confere ao fim
o seu aspecto de pedra.

Rasgo
desde a véspera.
E quanto mais ontem
o corpo, mais lago
(e superfície).

A pele não espera
e não se sabe
o que água, o que carne,
o que margem.

O morto
embriaga-se.

II

Ao lago não é dado
desamar o afogado
visto que, misturados,
lago músculo terra
já não se sabe
o que contém
o que refém
(e o que ilha).
Assim, amar o morto
é amar seu próprio corpo

é acolher a dispersão
do que também é água:

é este amar-se a si.

III

Suponha, agora
um outro
a mirar-se

(suponha o lago
nos olhos
do outro)

e que ele resvale
na pele do acaso:

assim, o morto
decantado.

Mas há o círculo.
E não se sabe
o que é morto
o que é outro.

IV

Por que fonte
sua natureza
se ao lago apenas
impele a mó
do círculo?

PRIMEIRO, era a dor-palavra.

Depois, a dor-pedra, opaca
o aprendizado da lavra.

Agora, resta uma dor
geométrica
sua matéria de perda

intraduzível
em qualquer forma
que não inclua a ausência.

Mas ela tropeça nos vazios
da casa.

Sem o perder-se morno
no outro
(sem o contorno do outro-atalho)

habita o labirinto de si mesma
percorre-se
pela primeira dor (palavra)
até descobrir a lógica da falta.

Ou inventá-la.

A UM átimo
do amo-te
temo-te.

A um istmo
do íntimo
mente.

De cor, somente
o silêncio:
continente.

E a linguagem
cortejo
(périplo).

Mas o amor:
arquipélago.

Quarto de espelhos

Quarto de espelhos

QUANDO embriagou-se
em lucidez
ainda não entendia ser cegueira
tamanha luz.

Queria tudo
ou seja, nada.
Não escolhia, acumulava.

Hoje corteja sombras

tateia

reduz-se a olhos outros
testa disfarces.

Rasga o obscuro véu das verdades.

Começa a distinguir
os contornos.

O FIM poderia ser feito, por exemplo, de vitrais
que refratassem sombras, arco-íris fantasma.
Poderia ser vidro sem ameaça, como estes
    [de para-brisa
que se quebram em estilhaços suaves, sem corte.

Um fim alto, gótico, do qual se diga
    [que transformei em arte
tão nobres os cacos, o desejo da forma
sobre partículas brilhantes.
Ver o mundo por elas:
a sobreposição construindo uma catedral
tudo fez sentido, eu diria, a matéria
    [é sempre densa,
e isto afinal, é um fim belo, com reflexos múltiplos.

Há algo de proteção nos restos, seria uma resposta
preservar as ruínas, abrir o corpo à visitação
das palavras
o vidro do engano pode ser maleável, translúcido

mas ainda é espelho, este quarto de espelhos

NENHUM sol.

Manhã uniforme
branca

(como os cabelos).

Com pontas de dedos
trêmulos
ela toca o espelho
desenha o pensamento
quase conclui uma escolha.

Para.
Recusa qualquer palavra.

Tangente
ao que sempre fora
se afasta: fica.

O amor latejando,
ainda:
ideia vaga.

Ideia.

Fixa.

A VIOLETA azul no esquadro
equilibrava o meio-dia.

A mulher que se encantava
com antúrios e orquídeas
sempre escolhia a flor miúda
não era boa com coisas vivas.

Assim, quando vinha a morte prevista
jogava fora vaso e terra
(não tinha talento para restos)
ia ao supermercado da esquina
e trazia outra flor qualquer.

A beleza da janela
era provisória
idêntica ao que conhecia.

Mas a casa nunca foi sua
não seria sua raiz
era, antes, metal e pedra.

Talvez se as janelas se abrissem
para uma outra janela
talvez,

O JOGO acontece do outro lado do espelho, Kitty
sem o acaso das cartas, casas fixas
comer tudo que passa: peão, torre, rainha
o exercício de um outro, contrário
enquanto você habita o vermelho.

Mas na orla do espelho há a morsa
etapa central do jogo:
vence quem toma seu corpo ilógico,
sem piedade, é tênue a ética do vidro.
Ver o oceano nas ostras, devorá-las sem pena
o jogo é este, rainha vermelha, o mar, a areia
tudo o que ultrapassa.

Depois de ouvir sobre um castelo de cartas
você lambe o branco,
a lógica, a lógica era só um caminho
para o que o absurdo toca
a estratégia final é o corpo
disforme da morsa, a vida disforme da ostra.

Tocar o outro lado do espelho, Kitty-rainha,
com a boca,
palavras abstratas se partem
apenas este sentido do excesso
tudo o que multiplica o espelho.

(é o que vejo nos olhos de Alice)

Corp
Corp
Corp
Corp

empausa

empausa

empausa

empausa

Morrer apenas o estritamente necessário,
sem ultrapassar a medida.

Wislawa Szymborska

O hoje é um cão
com fome
que esconde o osso.

O hoje é a mão
que o cão lambe.

O hoje é o dono do cão.

O hoje é um cão
pura língua
e dentes

preso à corrente
do cão-passado

preso ao alarde
do amanhã:

cão-labirinto
às vezes fera

que ladra e morde.

O tempo é um cão
de três cabeças

(há dias em que é besta
Cérbero em círculo).

O tempo é a pata
que cava a espera

à procura do osso
que enterra.

SER mínima.

Cortar cabelo
unha pele
mas sem o cálculo da cutícula.

Despir-me de tudo
o que não dói.

Ultrapassar toda carne
e roer osso
canina
roer o rabo.

Roer ainda
os próprios dentes
agudos
rentes

METER
o dedo na ferida.

Arrancar
a casca seca da vida
até que arda.

Rasgar
    [com cuidado
a pele da palavra

na aspereza
de um chão ambíguo.

Saber
a intimidade
de cada marca

de cada dor
encoberta
que coça que grita
por unhas.

Supor o centro
pelas beiradas

puxar as pontas
do capuz sujo
que cobre o corte.

Querer o fluxo
até que o sangue
estanque a si.

Redesenhar
uma cicatriz.

RASGOS
no ponto-cheio
do meu corpo
contra teu corpo
alinhavado.
Tecido suturado
ponto-cego do desejo.

Agora, desabotoa-me a pele
atravessa-me.

Veste-me teu corpo
de seda e silêncio.

ELE só queria quebrar o gelo.

Não sabia que sob a pele havia um rio.

Tentou contê-lo.
Mas qualquer limite era crueldade.

Ou talvez, ao contrário
o corpo só precisasse de atrito

e as margens fossem, do rio
a verdade.

O
efeito
da que
br

I

Solidão compacta
como a luz
desta tarde.

Claridade tão densa
que não destaca:
engole.

II

Um sol sem pálpebras
dissolve as coisas
(sempre outras,
irredutíveis a si)

e iguala-se:
o meio-dia
simula a noite
irmãos no excesso
que cega as formas.

III

Na cabeceira da cama
a chama crespa da vela

tão frágil que dissimula
sua natureza de fogo.

Luz limitada à substância
que ela mastiga, dissolve
e cospe.

IV

A vela esquecida
no sono
queimou um lençol
de estrelas

súbita geometria.

Paredes cedem
às lascas de luz.

O incêndio desmente a cor.

Há que contê-lo:
a vela é cerrada
num círculo.

Antes que o fogo
seduza a carne de cera
a chama engole
o último golpe de ar.
Morre, estrangulada.

Então, um dormir tranquilo.

E a distração que ignora
a densidade do vidro:

a trinca imperceptível
já insinua uma fuga
e arquiteta, silente
a trama da explosão.

A CARNE sabe sua brevidade
e gasta-se
até o ápice: a dissolução.

A morte cala-se
espreita, silenciosa.

A carne urgente
reverbera.
A morte a absorve.

Sem peso ou pressa
distrai a presa:
o vigor da véspera.

No fim, a fisionomia óssea
o branco oculto, a dureza
pelos cabelo unhas
restos que insistem em crescer.

Nada que insinue essência
antes o que é seco
e sobra.

Permanece, assim, o que adorna

e ossos sem memória
seu retorno ao minério.

Resiste o enfeite, o mistério
o que em vida é morte
e pedra

e silêncio.

O INSETO na janela não entende a transparência.

Debate-se, não sabe o vidro da impossibilidade.

Fere-se a cada tentativa, sem descobrir se há vida
em outra saída.

Para quem passa, o inseto é transparente.

Talvez um ferrão, o veneno, qualquer incômodo
mas as asas e o silêncio são vidro sem objeto
só se conheceria o efeito da quebra.

Enfrentando, assim, a janela, em breve ele irá morrer

As asas, então, vão cair sobre o aparador
"são tão bonitas", alguém vai dizer
e a morte merecerá o cuidado que não coube à vida.

As asas serão guardadas em um livro fechado,
até que sobreviva, apenas, o pó de uma metáfora.

Antes a janela vai ser, inutilmente, aberta.

A DELICADEZA é uma aranha branca.

Cuidadosamente envolve sua presa
dá certa moldura de beleza à morte.

Cada inseto que esbarra na quase
transparência, para

sem entender o obstáculo
os fios que se sobrepõem

talvez veja o convite da geometria
enquanto vira outra coisa, alimento
para a aranha que fia o silêncio.

É frágil, a Delicadeza, e extrema.

Mora num canto de armário, sob a cama
disfarça-se em vida secreta

é teia, trama geométrica
tentativa de organizar a falta

de comer tudo que esbarra em si.

MATÉRIA

BRUTA

O FÓSFORO brilha por sete segundos
entre o corpo inofensivo e o incêndio
até que um sopro encerra a potência
poderia espalhar o fogo
decidir a cada risco:
acendo uma caixa inteira, teste
e controle, calculo:
já sei o tempo do fogo, fecho os olhos
cinco segundos, o sopro, sinto a fagulha
nos dedos, acendo outro, ainda de olhos
fechados
o calor me fala da luz que não vejo
apenas um fósforo, abro a torneira,
a água do mundo poderia escorrer aqui
de onde vem, o que traz
a água constante, o fogo efêmero,
este duplo exercício no meio da tarde
Deus pensando novos princípios
a mesma dúvida: fogo para Sodoma,
água para o dilúvio,
a única regra comum é não olhar para trás.
Fogo para Isaac,
água para encerrar a travessia.
Seguir à deriva, caminhar para onde,
estou no apartamento, quero destruir
as cidades antigas, o que vi, os inimigos
acendo outro fósforo
deixo a torneira aberta
sonho estratégias de destruição.

depois de *Sonhos*, de Kurosawa

O que jaz perfeito como um retrato
não serve para a pintura.

É preciso a tessitura do erro
o toque de um disfarce

captar-se em toda luz sob o desterro
o voo torto do corvo, talvez
o brilho da noite.

A vida que se arremessa como locomotiva
em desespero para reter o encanto

repetir-se e repetir-se até ter em si
o quadro, inteiro, como nova natureza.

É preciso incorporar paisagem à pele
atravessar a ponte percorrer o campo
saber da loucura o canto da sereia
ou arrancar as orelhas

seduzir-se por qualquer forma
de beleza, e ser preciso

até que de si reste apenas um girassol
sob um sol implícito.

para os irmãos Campana

Ouvir da matéria o sonho
e antes de dar-lhe forma
tocar o sopro secreto

de tudo que é concreto:
plástico, arame, pano.

Fazer do resto, falta
no sono cotidiano

até libertar as coisas
de todo nome (e engano).

Quando os objetos se irmanam
cadeira, vassoura, cano

tudo transmuta em corpo
de um outro plano, deserto.

PERCORRER a pedra
do caminho

entranhá-la até sabê-la

educação pela matéria
de defesa.

Saber o grão a essência

pedra a partir da pedra
mínima

pedra sobre o grão de pedra

saber o tempo-pérola

a espera pela perfeição
opaca.

Só então, poli-la com lixa-água
até que a beleza compacta

transpareça a fonte-pedra

resistência ao branco
da página.

Seu cerne de impureza.

ULTRAPASSAR
a palavra
no ar

recebê-la
sem o crivo
da fala

sem sequer
a censura
do silêncio

apenas o golpe
ralo
pós-disparo

sensação do tempo
seco
latejando na seta.

A ferida,
uma boca
aberta.

O PÁSSARO-palavra
canta e passa.

Ficam as sombras do voo
pausas de asa.

Somente às vezes
a ave pousa
no canto da página.

É quando nos olha.

Olhamos de volta.

O que se segue é simultâneo:

de repente, as imagens
se desprendem
do papel

e voam
livres das formas.

Só agora conseguimos encantá-las
(entendê-las?)

com as notas de silêncio
da folha branca

no pássaro que nos olha
e novamente canta.

Até que a ave redesenha
sua condição de carne
o que quer dizer: tem fome

e come palavras-asas
em voo desordenado.

Outro poema, então, se instaura:

MÔNICA DE AQUINO
nasceu em Belo Horizonte. Publicou *Sístole* (Bem-te-vi), em 2005. Tem poemas publicados em revistas e periódicos como *Poesia sempre*, *Piauí* e *Suplemento Literário de Minas Gerais* e antologias como *Roteiro da poesia brasileira: anos 2000* (Global, 2009) e *A extração dos dias: poesia brasileira agora* (Escamandro, 2017). Publicou também cinco livros infantis pela editora Miguilim.

Este livro venceu o Prêmio Cidade de Belo Horizonte de 2013.

CIP — Brasil Catalogação na Fonte
Sindicato Nacional dos Editores de Livro, RJ

A657f

Aquino, Mônica de, 1979–
Fundo falso / Mônica de Aquino. — Belo Horizonte: Relicário Edições, 2018.
104 p. ; 13 x 21 cm.

ISBN: 978-85- 66786-65-1

1. Poesia brasileira. I. Título.
CDD B869.1

COORDENAÇÃO EDITORIAL
Maíra Nassif Passos

CAPA, PROJETO GRÁFICO E DIAGRAMAÇÃO
Caroline Gischewski

REVISÃO
Lucas Morais

Relicário Edições
www.relicarioedicoes.com
contato@relicarioedicoes.com

Este livro foi composto em
ITC Caslon 224, sobre papél Pólen Bold 90g/m^2,
em março de 2018, para a Relicário Edições.

nos 70 anos da publicação de *Todesfuge*, de Paul Celan;
nos 60 anos de *O amor em visita*, estreia poética de Herberto Helde
nos 50 anos das esperanças e desencantos de 1968;
nos 30 anos de *Trevo*, de Orides Fontela;
a seis meses daquela que vai nascer.